Direction de la publication :
Isabelle Jeuge-Maynart et Ghislaine Stora
Direction éditoriale : **Catherine Delprat**
Édition : **Bethsabée Blumel**
Maquette : **J²Graph**
Illustrations : **Thinkstock**
Lecture-correction : **Danielle Roque**
Couverture : **Anna Bardon**
Fabrication : **Geneviève Wittmann**

PAPIER À BASE DE FIBRES CERTIFIÉES

LAROUSSE s'engage pour l'environnement en réduisant l'empreinte carbone de ses livres. Celle de cet exemplaire est de : 200 g éq. CO_2
Rendez-vous sur www.larousse-durable.fr

ISBN 978-2-03-600830-4

Les Éditions Larousse utilisent des papiers composés de fibres naturelles, renouvelables, recyclables et fabriquées à partir de bois issus de forêts qui adoptent un système d'aménagement durable. En outre, les Éditions Larousse attendent de leurs fournisseurs de papier qu'ils s'inscrivent dans une démarche de certification environnementale reconnue.

Imprimé en Espagne par Unigraf S.L.
Dépôt légal : février 2016
328248/05 - 11055090 - NOVEMBRE 2023

Les 50 règles d'or pour lâcher prise

Laurence Dujardin

LAROUSSE

21 rue du Montparnasse 75283 Paris Cedex 06

I

DÉCIDEZ DE LÂCHER PRISE

Faites l'état des lieux

Par où commencer ?

Vous devez d'abord vous poser **deux questions essentielles.**

1. **Comprenez-vous ce que veut dire lâcher ?** C'est tout le contraire de retenir voire de se « cramponner » et de « contrôler ».
2. **Existe-t-il des situations dans votre vie auxquelles vous êtes accroché(e)** par peur de perdre certaines personnes et/ou bien les retenez-vous, les contrôlez-vous ?

Je sais, vous commencez à remettre en question, vous avez peut-être pris conscience, là, maintenant, de ce qui ne va pas ?

UNE APTITUDE À NE PLUS AVOIR PEUR

En fait, le processus de tout retenir et de refuser de se laisser aller est souvent totalement inconscient.

Il est en place pour nous éviter avant tout la peur de l'inconnu, la peur de perdre, la peur d'être déçu, la PEUR tout court ! Et surtout la peur de perdre le contrôle !

EXERCICE PRATIQUE

1. **Listez toutes les situations, les objectifs, les projets,** les points de vue et les personnes que vous ne voulez pas lâcher à priori. Et les raisons pour lesquelles vous avez peur de lâcher prise ou peur de toute autre émotion.
   Tracez deux colonnes : à gauche, ce que vous souhaitez lâcher et à droite, vos peurs et leurs causes.
2. **Vous allez pouvoir entamer un travail d'investigation** sur chacune de vos peurs ou de vos émotions. Et commencez à descendre plus en profondeur et à remonter peut-être à des événements précis dans votre vie.
   Allez acheter un bon cahier et c'est parti pour l'état des lieux !

MON CONSEIL

Traitez émotion par émotion, quel que soit le temps que vous y passez. C'est une manière de travailler qui évite de s'éparpiller, de fuir inconsciemment vos émotions dérangeantes.

Arrêtez de batailler avec vous-même !

Pourquoi lâcher prise ?

Pour trouver la paix intérieure ! Nous voilà dans le vif du sujet... Car nous passons notre temps à batailler contre nous-mêmes.

En fait, ne pas lâcher prise nous contraint à réprimer ce qui est en nous, ce que nous pensons, ce que nous ressentons ! Nous vivons comme un être totalement enchaîné à ses propres limites. Et puis parfois la « cocotte-minute » explose et nous manifestons tout à coup des émotions démesurées...

HARMONIE ET ÉQUILIBRE

Le lâcher prise permet un équilibre entre ce que nous sommes, ce que nous voulons et ce qui se passe autour de nous, en toute quiétude. Parce que nous sommes arrivés à prendre de la distance et à nous exprimer au bon moment et de la bonne manière.

N'ayez pas peur de laisser échapper ce qui se trouve au fond de vous et faites cet exercice le plus souvent possible.

PETIT EXERCICE DE LÂCHER PRISE

1. **Imaginez toutes les situations** où vous vous sentez détaché et ressentez le bien-être et la liberté que cela vous procure.
2. **Souhaitez-vous enfin exprimer ce qui est toujours resté non dit ?** Faites une liste et écrivez des lettres à vous-même ou toute personne concernée. Notez tout ce que vous avez pu ressentir dans le passé et encore aujourd'hui. Brûlez les lettres et jetez les cendres dans les toilettes.
3. **Quand vous êtes prêt, détendez-vous,** écoutez votre corps, laissez échapper le nœud émotionnel qui resserre votre gorge, votre cœur ou votre plexus solaire sous la poitrine.

MON CONSEIL

Tentez de faire ces exercices dans la paix, l'amour et le pardon pour vous libérer plus vite.

Libérez vos émotions et vos peurs !

Oui, il y a des degrés dans le lâcher prise

Lâcher prise c'est s'accepter et libérer en toute sécurité toutes ses émotions y compris ses peurs. **Voici trois étapes** qui vous aideront à avancer.

1. **D'abord, décidez effectivement de lâcher prise sur une peur** ou une émotion importante.
2. **Ensuite, acceptez de reconnaître cette peur ou cette émotion...** Tant que vous la refoulerez, elle sera là et vous serez en résistance face à elle, à l'opposé d'une attitude de lâcher prise. Plongez dedans comme dans une tornade. Que savez-vous de l'intérieur de la tornade ? Elle est peut-être plus calme qu'à l'extérieur ?
3. **Tentez une approche circulaire.** Si vous vous polarisez sur un aspect de la situation qui vous bloque, vous la renforcez. Tentez d'équilibrer une émotion avec son contraire et ressentez puissance/impuissance, joie/tristesse, etc. C'est cet équilibre qui vous donnera de la sérénité.

Distinguez le *laisser agir* du *vouloir*

Contrôler ou laisser aller ?

Quand on parle de laisser agir, on s'imagine être allongé sur un canapé en train de ne rien faire. Bien au contraire, **laisser agir c'est maintenir une dynamique dans l'action** mais sans aucun *contrôle* ou *volonté* sur le résultat et la manière d'y parvenir. Décider de lâcher prise, c'est continuer d'avancer quoi qu'il arrive…

- **C'est accepter le cours des événements** et ne pas tenter d'agir sur eux.
- **C'est lâcher la croyance** que nous pouvons tout contrôler.

Accepter de lâcher le contrôle :

- **C'est accepter d'avancer dans l'inconnu** consciemment, en toute confiance.
- **C'est reconnaître et accepter** que ce contrôle est illusoire…

À vous de voir ce que vous décidez.

Inutile de se mettre la pression…

La pression pour qui et pourquoi ?

Vous avez peut-être vécu jusque-là sans jamais lâcher prise ? Alors pas de panique, prenez votre temps car vous avez tout votre temps.

Il faudra d'abord lâcher prise sur la volonté de lâcher prise ! Et lâcher la pression que vous laissez encore avoir prise sur vous !

QUE RÉPONDEZ-VOUS À CES QUESTIONS?

- **Quelles situations** sont pour vous aujourd'hui insupportables ?
- **Contre qui voulez-vous clamer** votre revanche ?
- **Qui ne vous entend pas ?** Ne vous reconnaît pas ?

Vous voulez savoir un secret ? Personne ne vous en veut et l'univers ne vous blâme pas.

TOUT VIENT DE VOUS

Tout cela ne vient que de vous, et de personne d'autre. C'est vous qui créez toutes ces situations, ces peurs, ces inconforts... Plus vous continuerez à les ignorer, moins vous vous libérerez de vos liens. Alors, allez en profondeur et ressentez ces inconforts ; reconnaissez que vous en êtes le seul responsable... et croyez-moi, la pression va commencer à diminuer petit à petit.

AFFRONTER LA RÉALITÉ

Vous n'avez rien à prouver à personne, juste découvrir les « programmes par défaut » (peurs, fausses croyances, émotions négatives) qui vous influencent dans ce que vous croyez être une réalité. Réalité totalement erronée en fait.

Certes, vous ne pourrez jamais faire disparaître vos souffrances passées que vous avez peur aujourd'hui d'affronter. Mais vous pouvez les transformer car ces émotions font partie de vous. Et décider aujourd'hui de les reconnaître, de les ressentir pour mieux les laisser aller. **Vous aurez alors lâché prise.**

ET votre vie sera différente et plus libre.

II
PRENEZ CONSCIENCE DE VOUS-MÊME

Prenez conscience de vos résistances

Nos conditionnements sont nos pires ennemis

Nous sommes à l'image d'un gigantesque ordinateur. Se réveiller le matin c'est comme appuyer sur le bouton de démarrage de l'ordi...

LE POIDS DU PASSÉ

Dès votre naissance, vous êtes le réceptacle des mémoires issues de votre famille, de votre environnement, de l'école, de la société : mémoires de perte, de manque, de rejet, de solitude...

Ces poids pèsent sur votre vécu et influencent vos gestes. Ces « programmes par défaut » (peurs, fausses croyances, émotions négatives), ces conditionnements négatifs pèsent sur tous les domaines de votre vie.

À SAVOIR

L'équation qui nous détermine tous : pensée + émotion = sentiment qui fonde la croyance.

Tout ce que vous avez vécu, dans votre enfance, au sein de votre famille ou à l'école, tout ce que vous avez pu entendre ont généré des pensées qui sont devenues les vôtres et qui se sont ajoutées aux émotions que vous avez ressenties à ce moment-là...

Progressivement, s'est créé votre « programme par défaut », un conditionnement négatif que vous croyez être vrai mais qui est une fausse réalité.

Une situation s'installe et tout est transmis à votre cerveau qui démarre le programme approprié et provoque des émotions, des réactions, des peurs, des pensées déjà enregistrées... !

COMMENT SE LIBÉRER ?

- D'abord, il faut prendre conscience de vos mémoires inconscientes et de vos résistances pour sortir de ce système automatisé.
- Justement, tout à coup, vous décidez de vous réveiller sans l'aide d'un réveil... juste par vous-même !
- Et vous décidez d'éliminer un à un tous ces « programmes par défaut », et là, attention, peuvent surgir de plus grosses résistances... souvent issues de vos nouveaux choix !

Courage ! Vous en viendrez à bout.

Cessez de vouloir être parfait

Pour trouver l'état de lâcher prise

Notre plus gros problème : nous détacher de la perfection. Nous avons tous l'envie d'être le (la) meilleur(e) et de réussir tout ce que nous entreprenons, la volonté de peindre le plus beau tableau et de créer un scénario idéal, nécessaires à notre bonheur.

Mais, par rapport à quoi et à qui et selon quels critères ?

LA PERFECTION EST UN LEURRE

- En fait, ce tableau idéal et statique n'existe pas, d'abord, parce que **la vie est un perpétuel mouvement,** un changement incessant.
- Ensuite, parce que **nous sommes justement conditionnés et moulés dans une matrice générale qui nous impose la perfection.**

C'est l'un de nos conditionnements les plus nuisibles. Sans même réfléchir, nous avançons tête baissée pour atteindre des objectifs, être le meilleur, être reconnu, plaire à nos proches, nous sentir vivant... !

Aussi, est-il difficile, dans cette perspective, de lâcher prise. Car cette course au pouvoir et à la perfection nous enchaîne chaque jour un peu plus...

SOYEZ TEL QUE VOUS ÊTES !

Mais si nous étions juste capables d'être ce que nous sommes, nous n'aurions évidemment pas besoin de lâcher prise. Et le lâcher prise serait juste notre état naturel parce que nous décidons que nous sommes déjà parfaits quoi qu'il arrive.

MON CONSEIL

Faites la liste des choses que vous avez déjà accomplies et que vous vouliez réaliser. Si cette liste est vide, ce sera probablement plus rapide de lâcher prise. Sinon, réfléchissez : tous ces rêves ou toutes ces aspirations vous ont-ils vraiment comblé de bonheur ? Qu'importe la réponse, pourquoi continuez-vous à courir après d'autres chimères ? Méditez sur cela...

Réconciliez vos deux pôles positif et négatif

Nous sommes comme une pile avec deux pôles

Avez-vous déjà vu une pile fonctionner avec un seul pôle positif ou négatif ? Non. Nous sommes comme cette pile. Un réservoir d'énergie avec deux pôles, un positif et un négatif. Notre vie ne peut fonctionner que si nous respectons en nous ces deux pôles. Imparfaits, libres et heureux.

Si vous continuez à vouloir ignorer votre pôle « négatif », vous ne trouverez jamais l'équilibre et ne pourrez jamais lâcher prise. Car cette force « négative » vous apporte une force incontournable.

Le lâcher prise peut fonctionner à partir de l'acceptation de qui vous êtes à l'instant t, de vos émotions, des souffrances que vous avez probablement endurées.

Cette acceptation vous apportera de l'équilibre, de la sérénité et la paix intérieure.

Soyez courageux et persévérant !

La baguette magique c'est vous !

Il faut être déterminé et persévérer pour obtenir des résultats tangibles. Accomplir un travail de lâcher prise peut prendre du temps.

Reconnaître, accepter et transformer ses limites et ses « programmes par défaut » ne se fait pas en un instant. Car il s'agit ici de prendre conscience de tout ce qui nous empêche finalement d'être nous-mêmes.

Il faut recréer un lien et une connexion avec nous-mêmes et tout ce qui nous entoure mais dans l'acceptation et la fluidité, en transformant ce qui doit l'être.

De nombreuses mémoires inconscientes et des programmations négatives ont créé en nous, depuis toujours, des réflexes et des sensations dont il est impossible de se libérer instantanément.

Il faut prendre le temps de trouver de nouvelles réactions. Soyez patient.

Restez serein

Un ordre juste et parfait

Il est essentiel d'accepter que, même si la justice des hommes peut paraître injuste, *tout est toujours juste et parfait*.

Nous attirons à nous uniquement des situations ou des personnes en lien avec ce que nous portons ou ce que nous représentons.

Si nous portons en nous des souvenirs d'injustice, nous attirons inévitablement des situations « injustes ». C'est vrai sur le plan humain. Et c'est pourquoi il est très difficile de lâcher prise sur nos plus grandes souffrances.

MON CONSEIL

Travaillez avec la méthode Ho'oponopono *(je suis désolée, s'il te plaît, pardonne-moi, merci, je t'aime)* pour mettre fin à ces mémoires et ces émotions de colère, de tristesse, d'injustice et accélérer le processus de pardon.

SE SENTIR RESPONSABLE

Mais il nous faut reconnaître notre part entière de responsabilité. Sans cette acceptation, nous conserverons toujours, en nous, ressentiment et colère, ce qui nous empêchera de lâcher prise et donc de nous libérer définitivement.

Pardonner d'un point de vue humain reste un grand défi. Mais du point de vue du divin, cette situation sera parfaitement *juste* car il faut bien comprendre que tout part de vous et que personne d'autre que vous n'est responsable.

UN PROCESSUS INTÉRIEUR DE NETTOYAGE

Vous souhaitez transformer ces situations extérieures dans votre vie, alors nettoyez vos pollutions internes (croyances et pensées négatives, conditionnements familiaux).

Cette prise de conscience vous permettra déjà de lâcher prise sans même le vouloir.

III

DÉVERROUILLEZ VOS RÉSISTANCES

Identifiez l'objet du lâcher prise

Lâchez le frein !

Nombreux sont ceux qui veulent avancer, se libérer et pourtant… continuent de freiner des quatre fers sans même s'en rendre compte !

La pire des résistances consiste à déployer une grande énergie pour s'accrocher à ses propres résistances ! Et c'est tellement fréquent.

Qu'est-ce qu'une résistance ? Une résistance, c'est croire qu'on ne peut pas y arriver, c'est ne pas venir à bout d'une situation, c'est faire du surplace tout en s'activant, c'est vouloir ouvrir des portes fermées sans clé ! C'est s'obstiner consciemment et inconsciemment, guidé uniquement par tous ses « programmes par défaut ». C'est *vouloir* avant tout au lieu de *laisser agir*.

Pour pouvoir lâcher prise en toute sérénité et laisser venir le meilleur, il faut donc agir sur vos résistances. Il faut les identifier et suivre tout un processus pour les déverrouiller une à une.

Faites l'inventaire de vos résistances

En les mettant par écrit

Soyez concret. Faire un travail par écrit pour identifier ses résistances permet un ancrage dans le réel, c'est plus performant et cela vous permettra d'obtenir des résultats tangibles.

- **Dressez une liste** de toutes vos obligations sur les plans personnel, familial, professionnel et financier. Mettez tout ce qui vous passe par la tête.
- Puis face à votre liste, **sentez et ressentez ce que cela vous inspire.** Des résistances, des émotions, des besoins ? Vous êtes seul juge et personne ne vous fera la morale, alors ne vous jugez pas. Faites cet exercice en toute simplicité, sans a priori.
- **Acceptez réellement de ressentir** tout ce qui remonte en vous : images précises, émotions, peurs, souvenirs personnels…
- **Vous détenez maintenant la matière pour aller plus en profondeur** et arriver à lâcher prise sur tout ce qui aura été identifié.

RÈGLE 13

Soyez dans l'acceptation

Y compris de vos propres résistances

Il faut savoir que le secret de tout réside dans l'acceptation. L'acceptation de nous-même, de ce qui est et de ce qui se présente est un pas immense vers notre libération, à tout niveau. Et un élément incontournable du lâcher prise.

D'où ce dilemme : comment accepter la résistance que nous pouvons ressentir ? Car la résistance est juste l'envers de l'acceptation. Donc pour lâcher une résistance, il nous faut d'abord la reconnaître puis l'accepter... et ce n'est pas toujours évident !

MON CONSEIL

Si vous n'êtes pas encore capable d'affronter vos résistances, ce n'est pas grave, tentez cet exercice de lâcher prise progressivement, et puis un jour, vous sentirez votre nœud intérieur se dénouer !

Laissez aller vos résistances

pour mieux vous détacher

Rappelez-vous, nous sommes comme une pile avec deux pôles positif et négatif qui chacun a le droit d'exister (cf. règle n° 8). Et c'est parce que nous reconnaissons ces deux pôles en nous que nous pouvons enfin atteindre la sérénité sans chercher la perfection à tout prix, dans l'acceptation de ce que nous sommes ! **Si vous n'êtes pas encore prêt pour laisser aller une résistance**, une émotion négative, **c'est ainsi.** Si vous résistez de nouveau à ce qui vous fait souffrir, vous allez aggraver la situation !

MON CONSEIL

Posez-vous la question suivante : « Est-ce que je peux laisser aller [abandonner] ma résistance ? » En cas de réponse positive, vous êtes dans le processus bénéfique du lâcher prise.

Abandonnez ce qui vous fait souffrir

Entre ce que je peux et ce que je veux, se trouve parfois un grand fossé

Nous voulons mais ne pouvons pas... Nous pouvons mais finalement n'en avons pas envie ! Nous sommes compliqués ! **Que faire alors ?**

- **Nous demander si nous souhaitons avancer dans le flux de la vie,** dans le sens du courant. Ou préférons-nous ramer à contre-courant ?
- **Nous remémorer ces journées sereines** où nous sommes au bon endroit, au bon moment.
- **À l'inverse, repenser à tous ces moments où nous avons rencontré difficulté sur difficulté** et avons résisté à ces difficultés au lieu de laisser tomber...

Les jours se suivent et ne se ressemblent pas. Acceptez cette évidence. Nous vivons dans un environnement complexe où se mêlent tant d'énergies et où tout est interconnecté.

Parfois cette énergie est fluide pour tout le monde, parfois moins fluide. Faisons de notre mieux !

Il n'existe pas de bon timing

pour le lâcher prise

Il n'y pas de date butoir ou une bombe n'explosera pas si vous ne vous décidez pas immédiatement à lâcher prise.

Le temps reste une valeur illusoire qui nous maintient dans une matrice de limites contraignantes. Décidez de sortir de cette matrice du temps qui passe et qui vous oblige à courir après un futur qui n'existe pas encore. Profitez du moment présent et accordez-vous de la douceur de vivre.

Vous n'êtes pas prêts à lâcher prise maintenant, à reconnaître ce qui est ? Ce n'est pas grave.

MON CONSEIL

Posez-vous cette question : « Qu'est-ce qui me retient encore ? » Et chaque jour un peu plus, laissez monter l'émotion qui vous revient en mémoire.

IV
DÉCRYPTEZ VOTRE MONDE INTÉRIEUR

Soyez à l'écoute de votre mode de perception

Connais-toi toi-même

Qu'on travaille le lâcher prise en faisant remonter ses émotions ou bien ses résistances, nous fonctionnons tous différemment. Il est important de bien se connaître.

Ici, il s'agit de savoir comment nous percevons ce que nous ressentons, ce qui peut aussi nous aider à mieux communiquer. Les uns n'arrivent pas à visualiser mais entendent parfaitement leur petite voix intérieure. Les autres ressentent leurs émotions dans tout leur corps. Certains visualisent très bien.

Essayez de trouver votre principal moyen de perception pour l'utiliser dans toutes les phases du lâcher prise. Vous n'en avez pas particulièrement ? Utilisez-les tous en fonction de votre humeur du moment. Et ne forcez pas le système. Certains veulent absolument voir ou ressentir...

Vous êtes plutôt visuel

Un exercice comme au cinéma

Cet exercice s'adresse à tous ceux qui peuvent visualiser comme bon leur semble. Il vous aidera à libérer et à lâcher prise sur des problématiques identifiées.

- **Imaginez une boule noire** se former à l'intérieur de vous avec tout ce que vous souhaitez libérer et voyez-la sortir de votre corps et s'envoler en fumée, puis voyez-vous dans une pleine lumière.
- **Mettez mentalement toutes vos mémoires à éliminer** dans de grosses valises, faites un gros tas et brûlez le tas, le feu purifie.
- **Imaginez toutes les cordes qui vous enlacent** et vous relient à tout ce que vous souhaitez lâcher et voyez ces cordes se défaire autour de vous.
- **Visualisez toutes vos émotions** emprisonnées dans une cocotte-minute et soulevez le couvercle ; voyez-les s'échapper une à une...
- **Dessinez** ce que vous voulez libérer !

Votre perception est kinesthésique

Votre corps est un don

Une perception kinesthésique explique que votre ressenti est physique, que vous pouvez tout imaginer et ressentir dans votre corps.

Pour vous, particulièrement, voilà comment vous libérer au mieux. Travaillez avec votre corps et vos bras avant tout.

- **Mettez-vous en position d'accueil debout**, les bras grands ouverts en signe d'acceptation afin de libérer au mieux vos émotions.
- **Dans cette position, imaginez que l'émotion** ou la mémoire que vous souhaitez lâcher sorte du centre d'énergie concerné dans votre corps.
- **De la gorge,** si cela concerne une problématique de communication, une difficulté à vous exprimer, à dire ce que vous ressentez.
- **Du plexus solaire** (sous la poitrine), s'il s'agit d'un problème d'existence, une difficulté à être reconnu.
- **Enfin du cœur,** si vous avez un chagrin d'amour.

Votre perception est auditive

Écoutez votre petite voix intérieure

Vous avez l'habitude de vous parler intérieurement, de vous raconter des histoires. Vous êtes assez secret et l'écoute est très importante pour vous.

Pour vous aider à vous libérer davantage, utilisez donc ce sens plus que tous les autres.

- **À voix basse d'abord ou dans votre tête,** répondez par oui et par non à toutes les questions que vous vous posez quand on souhaite lâcher prise.
- **Prenez soin d'être clair** et de trouver des réponses brèves. « Qu'est-ce que je ressens, est-ce que je peux accepter ce ressenti, accepter de lâcher prise, de laisser partir cette émotion ? », etc.
- **Utilisez aussi votre voix** et récitez-vous chaque jour ce que vous souhaitez faire, ce que vous souhaitez libérer et lâcher. La voix est un organe puissant, plus fort encore que nos dispositions mentales.
- **Faites cela en écoutant une musique adéquate** afin de créer des énergies positives.

Décryptez vos émotions

Vos humeurs révèlent vos émotions et vos vibrations

Beaucoup d'entre vous croient qu'ils n'ont aucun pouvoir sur ce qui se passe dans leur vie et sur les croyances qu'ils peuvent entretenir.

Et pourtant ils continuent de vouloir contrôler ce qui arrive dans leur vie... Très contradictoire !

ATTENTION À LA « BOUCLE INFERNALE »

Afin de conserver notre bien-être, nous cherchons à éliminer tout ce qui pourrait le menacer. Sauf que, loi d'attraction oblige, **vous attirez, malgré vous, ce que vous avez en vous** et vous créez ainsi l'effet inverse à celui désiré.

Et toutes les choses dont vous ne voulez pas dans votre vie ne cessent pourtant de se manifester. Vous finissez ainsi par adhérer réellement à vos croyances et les rendre totalement valides en voulant, pourtant, vous en débarrasser. Vous pouvez sortir de cette boucle infernale en étant vigilant et réactif face aux différentes émotions que vous pouvez ressentir.

LE POIDS DU PASSÉ

Restez à l'écoute de vos humeurs et de vos réactions dans toutes les situations de la vie quotidienne. Il est évident que si, dans l'enfance, votre famille a connu de grandes difficultés financières qui vous empêchaient de vous procurer ce dont vous aviez envie, vous entretiendrez, plus tard, la croyance que la réussite financière est un idéal inaccessible.

Et cette croyance vous marquera par rapport à l'argent. Cet exemple peut se reproduire dans tous les domaines.

L'EMPREINTE DES ÉMOTIONS

Toute situation qui vous a marqué inscrit ses empreintes dans votre cerveau et crée une mémoire reliée à l'état émotionnel qui l'accompagne : colère, déception, tristesse... Et si vous passez votre vie à vouloir les éloigner, vous ne faites que les renforcer.

QUE FAIRE ALORS?

Laissez-vous donc guider par ce que vous ressentez et apprenez à être attentif à vos émotions.

Si vous désirez ardemment quelque chose qui repose sur une croyance erronée et qui s'accompagne de colère ou de peur, vous attirerez toujours davantage la colère et la peur et certainement pas l'objet de vos désirs.

CHASSER LES VIBRATIONS NÉGATIVES

Vos émotions sont donc le reflet clair de votre état vibratoire et de vos possibilités d'orienter dans le bon sens ou non votre vie à tous les niveaux. **À vous de prendre conscience de vos émotions et de vos vibrations négatives pour mieux les transformer.**

Ne vous désespérez pas !

L'apathie dans votre vie

Vous êtes en état de choc, désespéré, déprimé. Vous pensez que vous n'y arriverez jamais et que vous êtes voué à l'échec ? Vous êtes dans l'apathie. Peut-être est-ce juste ponctuel ou plus profond.

Quoi qu'il arrive, vous pouvez agir pour créer une forme de lâcher prise et remonter la pente.

- **Tentez de découvrir quelle situation** vous a conduit à cet état émotionnel précis.
- **Cernez plus précisément l'état qui vous habite.** Désespoir, tristesse, indécision, découragement ?
- **Trouvez des pensées positives en lien avec ce que vous ressentez** qui peuvent vous aider à voir un tableau moins noir. Exprimez-les à haute voix et écrivez-les pour bien les ancrer dans le réel. Le simple fait de vous sentir mieux en entretenant ces pensées positives va vous permettre de lâcher vos résistances… et de remonter progressivement la pente des émotions.

RÈGLE 23

Vivez votre chagrin

Rentrez dans la tornade émotionnelle

Vous vous sentez abandonné, rejeté, trahi, brisé, incompris, inconsolable... beaucoup d'émotions peuvent vous avoir plongé dans la tristesse.

Le seul moyen de lâcher prise est de vivre votre tristesse et de vous donner le temps de la vivre complètement. Trop souvent, nous essayons de nous montrer forts et d'aller parfaitement bien. La vie est ainsi faite de mouvements perpétuels, de joies, de déceptions ou de tristesses. Nous perdons des êtres chers, nous vivons de grandes déceptions. Ou bien encore la trahison ou l'injustice nous plongent dans l'incompréhension.

Réagissons d'abord en acceptant de ressentir ce qui est. C'est la seule manière de se libérer et d'avancer vers de nouvelles aventures plus joyeuses.

Acceptez votre peur

Tout en bas de l'échelle des émotions

La peur est capable de nous tétaniser. C'est un sentiment d'angoisse qui nous plonge dans une impuissance totale. Vous êtes nerveux, paniqué, paralysé, tendu, soucieux, vous vivez dans la peur d'affronter la vie et ses difficultés. Moins vous voudrez la voir en face et moins vous pourrez lâcher prise sur ses conséquences néfastes...

La peur, l'impuissance, le désespoir s'opposent à la liberté, la joie, la maîtrise et la puissance. Et vous ne pourrez pas avancer sur la voie du bien-être si vous ne vous décidez pas à affronter la source du mal.

De quoi avez-vous peur ?

• **Identifiez vos peurs** une à une et tentez d'identifier leur provenance.

• **Choisissez de faire coexister**, à l'intérieur de vous, la peur et l'impuissance et leurs opposés : la maîtrise et la sécurité totale.

• **Ressentez ce qui se passe en vous** dans cette recherche d'équilibre intérieur qui pourra vous aider à lâcher prise.

RÈGLE 25

Choisissez entre l'être et l'avoir

Vous avez dit envie ?

Si vous êtes avide, toujours insatisfait, prédateur, accumulateur, vorace, impitoyable, vous êtes probablement dans l'avoir. Vous êtes prêt à tout pour satisfaire vos attentes, vos désirs, vos envies.

Quels sont donc vos manques pour avoir autant besoin de convoiter et d'envier ?

PARAÎTRE ET FAUSSES CROYANCES

Faut-il choisir de vivre en fonction de notre paraître qui repose sur nos « programmes de croyances par défaut », nos croyances négatives, nos pensées nuisibles ou bien en fonction de notre être qui nous ancre dans l'authenticité ?

Nos croyances ne sont que la résultante de nos pensées et de nos émotions. Et toutes nos réactions et notre vie entière en découlent. Choisissez votre camp entre l'être et l'avoir si vous voulez changer vos croyances.

Domptez votre colère

Colère, mode d'emploi

Selon la croyance collective, nous nous devons d'êtres bons, positifs, doux... sans nous autoriser le droit à être énervés, contrariés et parfois en proie à une grande colère.

Oui, nous devons ne plus être en colère mais nous en avons le droit aussi. Parfois, la vie et ses aléas, les expériences que nous avons choisies suscitent de la colère en nous et c'est bien normal.

Suivez alors ce processus pour vous détacher :

- **Acceptez votre colère !** Criez un bon coup, hurlez contre un coussin mais exprimez-la surtout !
- **Ne jugez surtout pas votre colère,** donnez-vous le droit d'exprimer vos émotions en toute liberté.
- Quand vous serez plus apaisé, **interrogez-vous sur le bien-fondé de votre colère** et décidez de la laisser partir si c'est possible.
- **Recommencez** tant que cette colère n'aura pas été totalement évacuée.

RÈGLE 27

Laissez tomber l'armure

Attention à la rigidité

Si vous avez continuellement des problèmes de genoux, de coudes ou d'articulation, ce paragraphe vous concerne. Vous êtes rigide et peu ouvert aux autres, aux nouvelles idées.

Sachez que, très souvent, tous ceux qui pensent avoir toujours raison et ont beaucoup de mal à reconnaître leurs torts justifient ainsi leur existence.

Car quelle raison peut nous pousser à maintenir haut et fort notre position, notre jugement envers et contre tout si ce n'est pour nous prouver notre propre existence et obtenir de la reconnaissance des autres ?

Vous vous sentez visés ? Vous êtes probablement ceux qui jugent beaucoup mais en fonction de quoi ?

Il est temps pour vous de lâcher prise et d'arrêter de tout contrôler y compris vous-même. De quoi avez-vous peur si vous laissez tomber l'armure... ?

Ayez de l'amour en vous

Nourrissez des pensées positives

Nous sommes tous interconnectés, entre nous et entre tout ce qui se passe autour de nous. **Sachez qu'une pensée dépourvue d'émotion n'aura jamais une grande force.** En revanche, une pensée fondée sur l'amour ou la peur créera des sentiments puis des croyances très puissantes.

Notre univers aujourd'hui se nourrit bien plus de peur que d'amour et c'est bien là qu'est le problème.

Devenez maître de votre univers en décidant de nourrir des pensées d'amour. **C'est par le cœur que tous vos anciens programmes négatifs et vos croyances limitatives seront transformés.** Mais cela prend du temps. Persévérez.

Soyez positif

Allez vers l'acceptation

L'acceptation c'est aussi l'harmonie, l'équilibre, l'empathie, la plénitude, l'optimisme... Ici nous pouvons essayer de remonter dans l'échelle des émotions que nous vivons au quotidien.

Pour vous aider à gravir l'échelle des émotions bénéfiques et choisir d'accepter plus facilement ce qui doit l'être, **utilisez des phrases affirmatives et reliez-les à une image, une sensation positive,** ce qui vous permettra en même temps de ressentir une émotion bénéfique de bien-être.

Pour chacune de ces affirmations, visualisez une situation que vous avez vécue ou vivez et illustrez cette intention.

- **« Ce n'est rien, tout est parfait. »**
- **« J'apprécie toutes les expériences, même négatives** que j'ai vécues car elles m'ont tant aidé à évoluer. »

Créez votre propre liste, elle est infinie.

Trouvez la paix intérieure...

Notre but ultime ? La tranquillité de l'âme

Atteindre la paix intérieure et se sentir serein quels que soient les événements extérieurs. Voilà un des objectifs du lâcher prise. Car sans cela, c'est tout un ballet d'émotions qui se met à danser en nous, nous procurant stress, tension, inquiétude. Infernal ! Une source de mal-être puissante que nous avons peine à calmer.

Le lâcher prise nous incite à nous arrêter, à nous centrer sur nous-mêmes, à nous interroger.

- Il nous permet de nous libérer de tout besoin de reconnaissance et de perfection.
- Il nous évite de porter des jugements sur les autres et sur nous.

Le lâcher prise est une invitation à un voyage intérieur dont nous ne pouvons revenir que grandis, nettoyés, épurés et en paix profonde avec nos émotions, nos souffrances, nos besoins et nos attentes. Un vrai bonheur !

RÈGLE 31

Détachez-vous

de vos quatre désirs de base

Selon l'Américain Lester Levenson qui a mis au point tout un art du lâcher-prise (la méthode Sedona), nous avons **quatre désirs de base** (désir de contrôler, désir d'union, désir d'amour, désir de sécurité) qui sont à l'origine de la plupart de nos malaises intérieurs.

COMMENT SE LIBÉRER DE SES BLOCAGES

Il suffirait donc de lâcher prise sur ces quatre désirs, besoins ou manques essentiels pour vivre dans la sérénité, mais ce sont justement ceux-là auxquels on s'accroche le plus et qu'on ne veut absolument pas abandonner. Pourquoi ? Parce que ce serait mettre en danger la survie de notre ego.

LES QUATRE DÉSIRS DE BASE

1. **Le désir de contrôler** ou d'être contrôlé.
2. **Le désir d'unité, d'union** (faire partie intégrante d'un groupe).
3. **Le désir d'amour** et d'approbation.
4. **Le désir de sécurité,** de survie.

Il est important de prendre conscience de ces quatre désirs afin de commencer un travail de lâcher prise sur chacun d'entre eux. Nous pourrons ainsi nous dégager de certaines pathologies, de blocages, de perceptions erronées, souvent issues de notre passé.

DES DÉSIRS CONTRADICTOIRES

Ces désirs reposent sur deux forces opposées qui nous gouvernent en tout et toujours : joie/tristesse, confiance/peur, puissance/impuissance, etc.

Ainsi pouvons-nous vouloir contrôler et être contrôlé, vouloir être aimé ou non, aspirer à la sécurité et à la liberté, à l'unité et à la solitude. Nos désirs sont ainsi très contradictoires car ils reposent sur la loi des contraires, des opposés.

Il faut en prendre conscience pour commencer un travail de lâcher prise.

RÈGLE 32

Identifiez votre désir de contrôle

pour arriver à vous en défaire

En quoi le désir de contrôler ou d'être contrôlé peut-il affecter votre vie, pourquoi vouloir contrôler d'après vous ? Parce que justement vous n'avez pas le sentiment de contrôler !

« J'AI DÉCIDÉ »

« J'ai décidé... » ; « Cela se passera comme moi je veux » ; « Il faut que ... » L'impression d'avoir le contrôle sur un individu, une situation ou à l'inverse d'avoir perdu le contrôle sur un événement se révèlent par ces affirmations irréalistes.

VOUS N'ÊTES PAS LE MAÎTRE DU MONDE

Bien évidemment, il vous est impossible de contrôler comment les choses vont se passer à tout niveau car vous n'avez tout simplement pas le pouvoir de changer, d'un coup de baguette magique, ce qui est. Vous n'avez pas non plus le pouvoir de créer le scénario parfait au vu des nombreux paramètres de l'existence.

Mais pour vous rassurer et assouvir vos besoins, **vous voulez que le monde extérieur soit comme vous l'avez décidé.** Mais cela ne marche pas ainsi. **C'est le concept de la force par la force** qui s'oppose à la force tranquille qui laisse agir le mouvement de la vie dans la fluidité et l'acceptation.

Pour imposer votre propre volonté, vous devrez perdre beaucoup d'énergie à vous jouer des résistances, ce qui va limiter probablement vos possibilités. C'est comme rouler en Ferrari avec seulement trois roues, ou conduire avec le pied sur le frein.

D'autres, à l'inverse, vont être animés par le désir d'être contrôlés, sans même qu'ils s'en aperçoivent. Si vous laissez agir les autres, si vous pensez que vous n'avez aucun pouvoir sur votre vie, alors vous avez envie d'être contrôlé.

PETIT EXERCICE D'ANTI-CONTRÔLE

Maintenant que vous avez identifié ce désir, commencez l'exercice de lâcher prise suivant.

1. **Prenez une feuille, tracez deux colonnes :** une où vous écrirez les situations où vous avez voulu

exercer votre contrôle et/où vous avez voulu être contrôlé, les raisons de ces deux désirs contradictoires et quelles émotions ont surgi alors en vous : peur, ennui, tristesse, angoisse, soulagement, approbation, etc.

2. **Dans chacune des situations identifiées, posez-vous les questions suivantes** qui vous aideront à déverrouiller vos résistances.

- Est-ce que je peux accueillir ce désir de contrôle ou d'être contrôlé ?
- Est-ce que je peux l'abandonner ?
- Est-ce que je ressens un malaise particulier quand je cherche à l'abandonner ?
- Est-ce que je peux le faire maintenant ?

MON CONSEIL

Essayez de ne plus avoir besoin de tout contrôler et imaginez le sentiment de bien-être que cela pourrait vous apporter ! Et profitez du moment présent, acceptez-le tel qu'il est.

Identifiez votre désir d'unité

Besoin de fusion ou de séparation ?

Trop souvent, nous nous sentons séparés du monde et de tout ce qui nous entoure.

- Une séparation et un divorce peuvent bien sûr créer cette impression.
- Ou bien encore une promotion qui tout à coup nous exclut d'un groupe d'amis et de collègues.
- Nous pouvons volontairement ressentir le besoin d'être différents ou meilleurs que les autres.

Tout ceci est assez contradictoire. Car nous voulons être des personnes uniques donc hors du groupe mais nous voulons aussi être reconnus par autrui. Nous voulons être bien seul et bien avec les autres...

Nous avons alors besoin de lâcher prise sur ce besoin de séparation pour retrouver un lien avec ce qui nous entoure. Étape essentielle puisque nous sommes tous connectés, interreliés. Et sans cette connexion, il est impossible d'évoluer en toute fluidité dans notre vie.

Identifiez votre désir d'amour ou d'approbation

Un désir universel

Nous sommes tous concernés... Qui n'a pas envie d'être aimé, approuvé, reconnu ?

Mais pour être accepté et aimé, nous nous entravons et acceptons parfois l'inacceptable.

LE BESOIN D'AMOUR : UN POISON

Nous pouvons ainsi dire oui quand nous pensons non. Par excès de générosité, nous aidons trop les autres en oubliant de nous occuper de nous... pour attirer l'attention et la reconnaissance sur nos actions. Ce besoin d'amour ou d'approbation est toxique. Nous sommes prêts à tout pour qu'on nous aime.

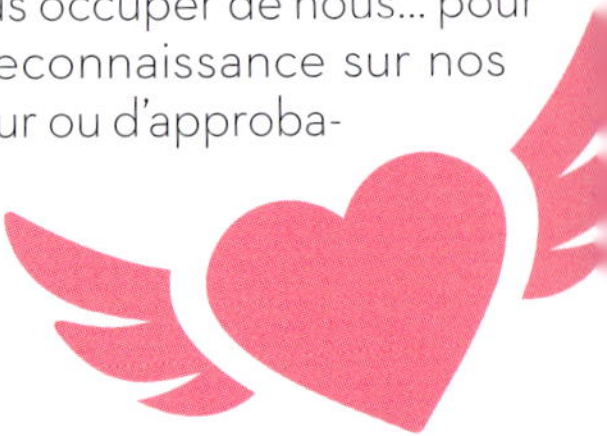

BESOIN D'AMOUR, AMOUR DE SOI

Il faut accepter le fait que nous ne pouvons pas plaire à tout le monde et que nous ne pouvons pas être appréciés par tous. Nous avons tous droit à quelques amitiés électives, non ?

Le plus important est de nous accepter tel que nous sommes pour nous aimer et nous donner à nous-mêmes toute la reconnaissance et l'approbation dont nous avons besoin. Car certains d'entre nous ne s'aiment pas, tout simplement.

Il nous faudra probablement travailler sur notre « enfant intérieur » qui n'a peut-être pas reçu tout l'amour qu'il attendait.

MON CONSEIL

Lors d'un travail de méditation, tentez de retrouver la petite fille ou le petit garçon que vous étiez. Et ressentez ce dont il ou elle pouvait avoir besoin. Apportez-lui alors tout le réconfort, l'amour, l'attention, la reconnaissance qu'il ou elle n'a pas eu. Recommencez tant que cela vous paraît nécessaire.

RÈGLE 35

Identifiez votre désir de sécurité

Et n'ayez plus peur de tout

Si nous aspirons à la sécurité, c'est que nous avons l'impression d'en manquer dans notre vie...

Si vous avez un grand besoin de vous protéger, de combattre, si vous êtes méfiant, si vous voyez dans chaque événement une situation à risque, si vous avez peur de perdre l'amour de l'être cher, alors oui, vous avez un grand besoin de sécurité dans votre vie personnelle et/ou professionnelle.

En fait, vous ne courez aucun risque particulier mais vous portez probablement en vous des souvenirs de situations où vous vous êtes sentis en danger. Certains ont même l'appréhension d'une mort imminente s'ils ne se protègent pas suffisamment.

ALORS COMMENT PROCÉDER POUR LÂCHER PRISE ?

Tracez toujours vos deux colonnes sur une feuille, une où vous écrivez les situations où vous avez ressenti ce besoin de sécurité et, en face, les émotions suscitées.

Par exemple, on vous a licencié et cela a créé en vous de l'insécurité et la peur de manquer d'argent… Recommencez pour chaque situation et posez-vous toutes les questions du lâcher prise pour vous rendre compte et accepter progressivement vos résistances.

- **Quel est le sentiment que je ressens ?**
- **Est-ce que je peux accueillir ce besoin de sécurité, le laisser aller… ?**

En fait ces besoins ne sont pas toujours négatifs et peuvent être d'ailleurs tout à fait légitimes, notamment dans le cas d'une perte de travail.

Mais tout ce cheminement vous permettra surtout d'accepter ces besoins sans jugement et de relâcher la pression car avant d'essayer de les éliminer, il faut d'abord les reconnaître.

V
NE TOMBEZ PAS DANS CERTAINS PIÈGES...

Arrêtez de faire l'autruche

Sachez éviter faux pas et chausse-trapes

Quelques petits rappels s'imposent. Vous devez ouvrir les yeux et arrêter de faire la politique de l'autruche !

- **Décider de faire le deuil,** libérer ses mémoires gênantes et bloquantes restent un défi de taille et le travail sur le lâcher prise nous permet de les faire émerger et nous les rend douloureuses.
- **De nombreux pièges nous guettent alors :** fuir le moment présent, penser que nous avons une date butoir pour agir et qu'il nous faut tout comprendre dans les moindres détails.
- **Ou encore rechercher de la reconnaissance** en attirant l'attention ou en racontant des histoires inutiles…

• **C'est difficile de laisser aller le courant et d'échapper au système environnant.** Et pourtant, il est impératif d'identifier ces obstacles pour les surmonter.

SE POSER LES BONNES QUESTIONS

D'abord ne paniquez pas. Respirez et posez-vous franchement les questions suivantes :

• **Souhaitez-vous apporter plus de liberté dans votre vie ?** La liberté de ressentir, de penser, de faire comme bon vous semble sans faire attention à ce que les autres pensent.

• **Souhaitez-vous pouvoir avancer dans votre vie** en vous sentant bien tout simplement ?

Si la réponse est positive, vous êtes mûr pour le lâcher prise maintenant et probablement éviter de tomber dans les nombreux pièges possibles.

MON CONSEIL

Soyez méthodique et traitez chaque situation l'une après l'autre. Et soyez franc envers vous-même en reconnaissant ce qui est, sans vous voiler la face.

Libérez-vous

Acceptez l'inconnu

• Préférez-vous vivre une vie qui ne vous satisfait pas, pleine de problèmes mais que vous connaissez et qui vous sécurise parce que vous les connaissez ?
• Ou bien accepteriez-vous enfin de vous libérer en affrontant l'inconnu ?

Le dilemme est bien réel et un choix s'impose. Nous sommes si nombreux à vouloir transformer notre quotidien et ce qui nous dérange sans vouloir assumer les conséquences de nos choix. Bref changer sans changer !

CHANGEMENT, MODE D'EMPLOI

Voilà donc ce qui vous reste à faire :

1. **Vous acceptez de garder vos problèmes en guise de remparts,** de protection mais vous vivez enchaîné et continuez à déterminer votre vie en fonction de l'extérieur et de ce qu'il vous procure : un statut social, un objet, de l'argent qui restent toutefois non illimités.

2. **Vous décidez d'être libre et de lâcher cette sécurité illusoire.** Et là, vous vivez en fonction de vous et de votre être profond, indépendamment du regard des autres et des objets qui vous entourent, vous permettant ainsi de vous connecter à l'énergie illimitée de l'univers...

Le choix n° 2 vous permettra de goûter aux plaisirs de la nouveauté, de l'insolite et de l'imprévu que la vie vous réserve.

Tout simplement parce que vous avez accepté d'ouvrir le système sans résistance et élargi ainsi le champ de vos possibilités. En avant !

Ne ressassez pas

Halte aux commérages

Certains adorent parler sans cesse et sans se lasser des soucis des uns et des autres. Surtout, ne traduisez pas cela par : « Vous devez abandonner toute discussion et toute vie sociale. » Mais attention !

• Si vous vous surprenez à parler toujours de la même histoire et du même problème... Danger !

Vous nourrissez la difficulté en énergie, donc vous lui donnez encore plus de force, ce sera encore plus difficile de vous en débarrasser et de lâcher prise !

• Que cherchez-vous chez les autres en vous conduisant ainsi ? Souvenez-vous de nos quatre besoins de base...

Serait-ce un besoin de reconnaissance de votre existence en recherchant la reconnaissance de votre problème ?

Allez... vous n'avez pas besoin de cela pour vous sentir vivant. Laissez donc aller toutes ces histoires...

Ne vous identifiez pas à vos problèmes

Non, le problème ce n'est pas vous !

Là, c'est un peu pervers. Nous pouvons effectivement nous complaire à parler toujours des épreuves que nous traversons encore. Mais ce qui importe c'est de nous détacher de ces problèmes. Ils ne sont pas nous.

Il existe deux possibilités :

1. **Accueillir dans une totale confiance** ce que la vie peut nous réserver.
2. **Continuer de vivre dans l'ego, chargé des mémoires du passé** et de nos fausses croyances avec, en plus, la sensation, totalement illusoire, que nous contrôlons tout et que seule l'apparence peut nous apporter le bonheur.

Si vous aimez vous vanter de vos difficultés… méfiance ! Vous vous êtes identifié à votre problème pour qu'on vous apprécie et qu'on vous reconnaisse. C'est votre ego qui vous guide. Le lâcher prise et la liberté s'éloignent à grands pas !

N'essayez pas de tout comprendre

Quand le mental se mêle de tout !

Nous avons quatre corps : physique, émotionnel, mental et spirituel. **Une des clés du bonheur intérieur est de trouver un équilibre et une unité entre TOUS ces corps.**

Très souvent notre corps mental prend le dessus pour analyser, comprendre, décortiquer. Bien sûr, l'analyse reste importante mais attention à ne pas non plus se perdre dans le détail au risque d'oublier l'essentiel !

Cette recherche infernale du pourquoi et du comment est bien souvent :

- Une fuite du moment présent.
- Une manière d'échapper à nos émotions.
- Enfin, sous prétexte de tout contrôler, on décide du mouvement à tenir alors que le lâcher prise est une aptitude à accepter, à permettre que les événements arrivent dans une attitude ouverte et confiante.

Rien ne sert de courir

Le temps ne vous est pas compté !

Il n'est jamais trop tard pour bien faire. Non, vous n'avez pas à passer par une case jugement et à aller au tribunal chaque jour. Non, vous n'êtes pas relié à un minuteur qui vous oblige à réaliser telle ou telle chose à une date bien précise.

Je sais... la pression du système et l'obligation de réussir nous conditionnent chaque jour un peu plus. **Cette pression extérieure alimente notre ego parce qu'on nous a inculqué d'être le meilleur !**

Mais qu'est-ce qu'être le meilleur ? Et dans quel domaine ? Et par rapport à qui ? Mais QUI vous oblige à suivre ce cadre limité, à part vous ?

MON CONSEIL

Tentez de comprendre les raisons qui sous-tendent nos obligations de performances et de réussites et décidez de les lâcher enfin !

RÈGLE 42

Vivez l'instant présent

Le passé est révolu, le futur n'existe pas !

Il y a ceux qui vivent à travers leur passé et puis les autres qui ne pensent qu'au futur. Et vous, où vous situez-vous ? Nostalgie, regrets, insatisfaction permanente... autant d'éléments qui montrent que vous n'êtes pas dans le moment présent, ici et maintenant, par peur, crainte, manque de confiance. Et pourtant ? Nous y sommes.

Une fuite en avant qui vous empêchera de lâcher prise et d'accepter le moment présent. Car l'acceptation de ce *qui est* permet d'être serein, apaisé, tranquille et confiant quoi qu'il arrive. Plus besoin de se réfugier dans le passé et d'aller chercher du « faux bonheur » dans le futur.

PETIT EXERCICE POUR Y ARRIVER

1. **Actionnez le panneau STOP,** arrêtez-vous, relaxez-vous, respirez et appréciez ce qui est ou n'appréciez pas mais tentez de vivre *votre* moment présent, de le ressentir.
2. **Établissez calmement deux listes :** ce qui vous plaît et ce qui ne vous plaît pas aujourd'hui, ce que vous avez et ce que vous n'avez pas, ce que vous ressentez de positif et de « négatif ».
3. **Concentrez-vous sur vos acquis et remerciez déjà** pour tout ce que vous avez et ce que vous avez réalisé, la gratitude permettant de se recentrer sur le moment présent.
4. **Interrogez-vous : pourquoi fuyez-vous ?** Que regrettez-vous du passé ? Et de l'avenir, que cherchez-vous à avoir ?
5. **De quel besoin s'agit-il ?** Sécurité, reconnaissance, contrôle, peur d'affronter des émotions… ?
6. **Après avoir identifié chaque besoin sous-jacent** à votre « fuite », **décidez de les laisser aller…** à votre rythme.

VI
LIBÉREZ-VOUS ENFIN À TOUT NIVEAU !

RÈGLE 43

Définissez et réalisez des objectifs précis

Un plan d'action

Nous avons tous des envies, nous caressons tous des projets. Quels qu'ils soient, il vous appartient d'être pragmatique et de vous donner ainsi toutes les chances de réaliser vos desseins en prenant conscience de vos résistances.

1. **Définissez le but que vous voulez atteindre :** trouver une nouvelle maison, perdre du poids, changer de métier, etc.
2. **Prenez conscience de vos sentiments,** ressentez les pensées ou les émotions que ce projet suscite en vous. Cela vous paraît-il impossible, abstrait, difficile ? Par exemple, quand il s'agit de perdre du poids, est-ce en contradiction avec votre tendance à la gourmandise ? Changer de travail peut aussi vous inspirer de l'inquiétude.
3. **Pour chaque sentiment, interrogez-vous sur son fondement. Est-ce un besoin de sécurité, de reconnaissance, de contrôle ?**

4. **Une fois le besoin reconnu, décidez de lâcher prise** et recommencez, jusqu'à ressentir une impression de paix intérieure dans la poursuite de votre but.
5. **Ensuite seulement, mettez en place un véritable plan d'action** pour réaliser vos projets et viser un résultat.
   Quelles actions devez-vous mettre en œuvre pour atteindre ce projet et le réussir ? Pour maigrir, s'inscrire à un cours de gymnastique, par exemple. Et là encore, qu'est-ce que cela vous inspire ? Et à quel besoin cela fait-il référence ?
6. **De nouveau, tentez de lâcher prise.**

BILAN ET RÉSULTATS

Travailler en amont sur tout ce qui se dissimule finalement sous vos projets va permettre une mise à distance de vos limites, de vos résistances, de vos peurs.

Quand vous vous sentirez progressivement apaisé au cours de ce processus, vous pourrez réellement entamer votre plan d'action beaucoup plus facilement et avec plus de probabilité de réussite.

RÈGLE 44

Prenez des décisions plus facilement

Décider : un véritable pouvoir

Même si cela dépend des caractères, certains décident plus vite que d'autres et plus facilement. Or, cette capacité est accessible à tous. Là encore, vous pouvez suivre une méthodologie précise qui vous aidera à mieux avancer dans la vie.

Pourquoi avons-nous du mal à décider ? Très souvent parce que nous sommes indécis et que nous avons peur des conséquences de nos choix. Peur de prendre la bonne décision.

MÉTHODE POUR VOUS AIDER À MIEUX DÉCIDER

Tracer deux colonnes et écrivez ce que vous aimez ou ce que vous n'aimez pas quant aux choix à prendre. Et, de la même manière, les avantages et les inconvénients. Et aussi les sentiments qui vous inspirent alors, ainsi que vos désirs de base sous-jacents (désir de sécurité, de contrôle, d'approbation...).

• **Vous avez dû déménager en catastrophe,** vous êtes seul(e) et séparé(e) de votre conjoint, avec vos enfants à charge et vous habitez chez votre mère.
• **La situation est bloquée** et vous essayez de comprendre pourquoi les choses restent si statiques.

En appliquant la méthode énoncée ci-dessus, vous pouvez détecter les résistances et les peurs bien cachées. Ces peurs bloquent, en fait, le processus dans l'énergie. Une fois qu'elles sont détectées, vous pourrez commencer à lâcher prise et des solutions apparaîtront naturellement.

MON CONSEIL

Faites ce travail par écrit pour des résultats plus tangibles.

SOLUTIONS

• Pour le moment, je n'ai pas de loyer à payer. Si je déménage, je serai inquiète pour mon avenir financier, ce qui créera un sentiment d'insécurité.
• Pour le moment, je suis soutenue et je suis aidée. Si je déménage, je vais me retrouver seule.

Systématiquement, posez-vous les questions nécessaires : puis-je reconnaître ces sentiments, les accepter, accepter de les laisser aller...

Harmonisez vos relations

Se libérer de ses programmations antérieures

Nous sommes conditionnés par nos croyances familiales. Plus que dans tout autre domaine, les relations que nous avons pu tisser avec notre famille dans le passé guident nos relations aujourd'hui.

VOUS SOUHAITEZ PLUS D'HARMONIE ?

- **Réfléchissez aux relations qu'ont pu avoir vos parents ensemble.** Et les relations que vous avez nouées avec vos parents ?
- **En êtes-vous satisfait ?** Souhaitez-vous changer quelque chose ? Avez-vous reproduit les mêmes schémas ?
- **Quel sentiment cela a-t-il engendré chez vous ?** Sécurité ou l'inverse, besoin d'approbation ou de contrôle ?

Gérez vos émotions

Nos émotions ? Un moteur à contrôler

Nos émotions sont essentielles. Ce sont elles qui donnent vie à toutes nos idées et qui sont la conséquence de nos croyances. Mais si vous refusez de reconnaître vos craintes, de voir vos doutes et vos angoisses, bref si vous refusez d'affronter votre peur, celle-ci vous bloquera.

Réalisez qu'il ne s'agit que de schémas et de programmations imprimés dans votre tête, liés à des événements du passé.

Pour vous défaire progressivement de vos émotions douloureuses, **voici un petit mode d'emploi.**

- **Tentez de vous souvenir de situations** où vous avez ressenti ces émotions : peur, angoisse, crainte...
- **Déterminez le sentiment** que cela vous inspire.
- **Acceptez de ressentir** ce sentiment dans tout votre être. Pleurez, criez... acceptez de vivre ce qui est.
- **Détachez-vous du ressenti**, il n'est pas vous. Il est juste attaché à votre sentiment.
- **Demandez-vous si vous êtes prêt à lâcher,** et lâchez !

RÈGLE 47

Libérez-vous des schémas limitatifs

Savoir détecter ses habitudes négatives

Nos limites sont une illusion que nous maintenons inconsciemment. L'univers nous offre des possibilités illimitées. Et nos croyances limitatives nous empêchent de les voir et de se connecter à elles.

CE QUE CACHENT NOS HABITUDES NÉGATIVES

Détecter nos habitudes négatives est donc essentiel dans le processus de lâcher prise.

Si nous découvrons ce que ces habitudes cachent, nous pourrons nous libérer et nous ouvrir à des schémas de pensée illimités. Il s'agit, ici, des habitudes, des dépendances, de tout ce qui nous empêche de vivre dans la sérénité.

MON CONSEIL

Faites ce travail en passant au crible tous vos gestes et vos habitudes du quotidien.

Le lâcher prise nous permet de mettre à distance l'envie, le désir, la peur pour se fier davantage à notre intuition, un précieux indicateur pour savoir toujours quoi faire et comment le faire.

Pour réussir, soyez patient car vos résistances vont peut-être durer quelques jours.

POSEZ-VOUS LES BONNES QUESTIONS ET ÉCOUTEZ-LES

Par exemple, vous voulez arrêter de fumer mais vous avez envie de prendre une cigarette. Alors, avant de la fumer, posez-vous les questions essentielles ! Pourquoi finalement voulez-vous cette cigarette ? Que va-t-elle vous apporter ? Quel besoin sous-jacent est en jeu ?

- **Le besoin de sécurité ?** Fumer vous rassure ?
- **Le besoin de contrôle ?** Vous prenez de l'assurance grâce à votre cigarette ?
- **Ou bien recherchez-vous le besoin d'approbation ou de désapprobation** vis-à-vis d'autrui ?
- **Ou bien encore le désir d'intégration :** vouloir exister juste avec une cigarette dans un groupe ?

Demandez-vous si vous êtes prêt à lâcher ces besoins maintenant.

RÈGLE 48

Créez-vous une nouvelle réalité

Acceptez-vous tel que vous êtes

Depuis longtemps, nous existons au sein d'une matrice, un gigantesque ordinateur dans lequel notre conscience a laissé se développer limitations et « programmes par défaut » qui sont nos logiciels. Aujourd'hui, cette matrice existe toujours mais une autre a pris place et s'installe progressivement. C'est la matrice de l'unité avec nous-mêmes. Notre conscience s'élargit peu à peu et découvre ses propres limites négatives, ses propres résistances mises en place et entretenues par nos actions.

SE MODIFIER, ÉVOLUER

Or, nous avons la possibilité de remplacer dès à présent les anciens programmes par de nouveaux programmes fondés sur la liberté. Nous pouvons instaurer de nouveaux logiciels qui permettent une plus grande richesse.

Reconnaître en parallèle, comme les deux pôles de notre pile personnelle, nos moments de joie et nos moments de tristesse, nos moments de colère et nos moments d'amour, nos moments de peur et nos moments de confiance est important pour avancer dans la prise de conscience de nos émotions.

L'APTITUDE À LAISSER ALLER

En se permettant de vivre avec deux émotions contraires, nous pouvons lâcher prise sur l'avenir et l'atteinte de résultats à tout prix, en laissant juste le processus se faire tout seul. Et nous pourrons descendre telle une barque sur le cours d'une rivière et accepter le mouvement de l'eau à l'image du courant de la vie et de notre propre évolution.

C'est naturellement que le lâcher prise s'installe sur toutes les parties qui nous composent, notre perfection comme notre imperfection parce que tout est juste, tout simplement.

RÈGLE 49

Retrouvez bien-être et liberté émotionnelle

Pour vivre libre et accepter ce qui est

Pratiquez au quotidien, ne vous arrêtez pas en si bon chemin ! Ne vous limitez pas à quelques exercices...

UN PROCESSUS INTÉRIEUR

Le lâcher prise reste une notion indispensable pour emprunter un chemin nous permettant de retrouver progressivement et naturellement une liberté à tous niveaux.

À SAVOIR

« Le bonheur n'est pas au bout du chemin mais le chemin lui-même ! »

Ce travail d'investigation et d'acceptation est indispensable pour s'affranchir de nos émotions négatives et éviter qu'elles contrôlent notre vie. Sans ce travail dans notre vie, impossible de se sentir libre puisque nous sommes enchaînés de toute part, liés par des relations pesantes, par des émotions néfastes ou par des situations contraignantes créées par nos croyances négatives virtuelles.

S'AIMER, AIMER SON DESTIN

Le secret réside dans l'acceptation de ce que nous sommes, de ce que nous vivons et de ce que nous avons à vivre dans le libre choix de notre destin.

- **En lâchant prise, nous ouvrons grand les vannes à des possibles** que nous ne pouvons même pas imaginer.
- **En lâchant prise, nous découvrons qui nous sommes vraiment** et nous pouvons enfin fonder notre existence sur notre authenticité.
- **En lâchant prise, nous sortons d'un cadre déterminé pour atteindre enfin un bien-être total** et une liberté émotionnelle garante de notre bonheur intérieur.

Appliquez tout ce que vous avez appris

grâce à ces quatre exercices

Voici quatre exercices pratiques auxquels vous pouvez vous entraîner chaque jour séparément ou simultanément, tout à fait propices à l'éveil et au lâcher prise.

1. Remettez-vous en cause

- Faites le vide et le calme en vous. Créez-vous un paysage intérieur ou retournez en imagination dans un endroit connu qui vous inspire paix et bien-être. Plage, forêt, n'importe quel site…
- Laissez aller tout ce que vous pouvez penser de vous.
- Laissez venir votre ressenti sur qui vous êtes vraiment. Écoutez votre petite voix intérieure.

2. Balayez vos croyances

- Faites la liste de ce que vous croyez être vrai dans tous les domaines pour bien en prendre conscience… Sur vous, vos possibilités et vos limites.

- Imaginez-vous dans une cage qui représente toutes ces limites et ces fausses croyances.
- Voyez la cage se dissoudre.
- Ressentez à partir du cœur une connexion avec tout ce qui est et tout ce qui vous entoure.
- Décidez ou non de dissoudre la cage et de sentir une connexion avec ce qui vous entoure.
- Permettez-vous de ressentir cette connexion et cette liberté en toute confiance.

3. Libérez-vous de tout jugement

- Dressez une liste de tous les jugements à votre encontre.
- Prenez conscience qu'il n'existe aucun tribunal et qu'il n'est pas nécessaire de se créer une pression inutile.
- Décidez de vous laisser aller à votre rythme.

4. Travaillez tout au long de la journée

- Le matin, reconnectez-vous dans le calme avec vous sans la cage... pour ressentir tout votre véritable potentiel.
- La journée, insufflez dans votre vie, à tout niveau, de l'amour, de la confiance, de la foi, de la compréhension sans porter de jugement sur vous ou sur autrui.
- Le soir avant de vous endormir, faites le point. Reconnaissez toutes les permissions et les libertés que vous vous êtes accordées.

MON CONSEIL

Il est temps d'aller au bout des choses. Se libérer du poids de sa famille reste un axe principal pour se permettre un plus grand bonheur aujourd'hui.